AF312794

15 Mai 1907

VENTE
Du Mercredi 15 Mai 1907

HOTEL DROUOT, SALLE N° 6

à deux heures

EXPOSITION PUBLIQUE
Le Mardi 14 Mai 1907

DE 1 HEURE 1/2 A 5 HEURES 1/2

TABLEAUX ANCIENS

Porcelaines — Faïences — Objets de Vitrine

BRONZES — PENDULES

MEUBLES ET SIÈGES

ANCIENS ET DE STYLE

TAPISSERIES — ÉTOFFES — TAPIS

COMMISSAIRE-PRISEUR

Mᵉ LAIR-DUBREUIL

6, rue Favart

EXPERTS

MM. PAULME & B. LASQUIN FILS

10, rue Chauchat. — 12, rue Laffitte

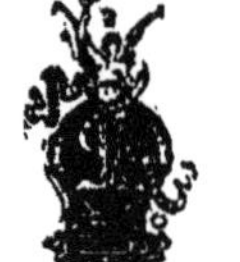

CATALOGUE

DES

TABLEAUX ANCIENS

PRINCIPALEMENT

DE L'ÉCOLE FRANÇAISE DU XVIIIᵉ SIÈCLE

PASTELS — GRAVURES

PORCELAINES — FAIENCES

Allemandes et Françaises

OBJETS DE VITRINE — DENTELLES

Col en ancienne guipure de Venise

BRONZES — PENDULES

MEUBLES & SIÈGES ANCIENS ET DE STYLE

TAPISSERIES — ÉTOFFES — TAPIS D'AUBUSSON

Dont la vente aux enchères publiques aura lieu

HOTEL DROUOT, SALLE Nᵒ 6

Le Mercredi 15 Mai 1907

A DEUX HEURES

COMMISSAIRE-PRISEUR	EXPERTS
Mᵉ F. LAIR-DUBREUIL 6, rue Favart	MM. PAULME et B. LASQUIN FILS 10, rue Chauchat | 12, rue Laffitte

EXPOSITION PUBLIQUE

Le Mardi 14 Mai 1907, de 1 heure 1/2 à 5 heures 1/2

CONDITIONS DE LA VENTE

Elle sera faite au comptant.

Les adjudicataires paieront *dix pour cent* en sus des enchères.

Paris. — Imp. de l'Art, Ch. Berger et Cie, 41, rue de la Victoire.

DÉSIGNATION

TABLEAUX ANCIENS

PASTELS, GRAVURES

BOUCHER (D'après)

160 1 — *Vénus et l'Amour.*

Bonne copie, ancienne sur toile.

CHARDIN (Genre de)

210 2 — *Pierrot musicien.*

Toile.
Baguette en bois sculpté doré. Epoque Louis XVI

DYCK (Ecole de VAN)

3 — *Judith.*

Grande toile.

ÉCOLE FLAMANDE (fin du XVIᵉ siècle)

4 — *Vierge et Enfant sur fond d'étoiles d'or.*

    Peint sur cuivre.

ÉCOLE FLAMANDE

5 — *Buveurs.*

    Petit panneau.

ÉCOLE FRANÇAISE (XVIIᵉ siècle)

6 — *Portrait d'Homme, avec un manteau de velours rouge et hermine.*

    Toile ovale.
    Cadre bois sculpté doré. Louis XIII.

ÉCOLE FRANÇAISE (XVIIᵉ siècle)

7 — *Portrait de Femme en robe noire décol-letée, parée d'un collier de perles.*

    Toile ovale.
    Cadre bois sculpté doré.

ÉCOLE FRANÇAISE (XVIIᵉ siècle)

8 — *Portrait d'un Juge.*

    Toile ovale.
    Dans un cadre en bois sculpté. Louis XIII.

ÉCOLE FRANÇAISE (xviie siècle)

9 — *Portrait d'Homme, avec manteau rouge et blanc.*

> Toile ovale.
> Cadre bois sculpté doré.

ÉCOLE FRANÇAISE (xviiie siècle)

10 — *Portrait de Jeune Femme.*

> Drapée d'étoffe bleue et marron, laissant]une épaule à nue, les bras croisés ; elle tient d'une main une miniature, portrait d'un jeune homme et de l'autre une guirlande de fleurs appuyée sur sa poitrine, avec perles et roses dans les cheveux.
> Gracieux portrait sur toile.

ÉCOLE FRANÇAISE (xviiie siècle)

11 — *Portrait de Jeune Femme.*

> Elle est assise dans un fauteuil couvert de soie rouge, en robe de soie bleue, garnie de fourrure et dentelles les mains dans un manchon ; les cheveux poudrés, coiffée d'un bonnet de soie bleue et dentelle.
> Toile.
> Cadre de l'époque Louis XV.

ÉCOLE FRANÇAISE (xviiie siècle)

12 — *Portrait de Femme.*

> Elle est en peignoir de soie couleur jaune foncé, assise auprès d'une coiffeuse.
>
> Bon portrait dans un cadre en bois sculpté doré. Louis XIV.
>
> Toile.

ÉCOLE FRANÇAISE (xviiie siècle)

13 — *Portrait d'Homme en uniforme d'Officier du temps de Louis XV.*

> Toile.
> Cadre en bois sculpté doré. Louis XIII.

ÉCOLE FRANÇAISE (xviiie siècle)

14-15 — *Deux portraits d'Homme et de Femme Louis XVI.*

> Toiles faisant pendants.

ÉCOLE FRANÇAISE (xviiie siècle)

16 — *Petit portrait de Femme en bonnet et corsage de soie verte et gaze blanche, avec bouquet de fleurs.*

> Toile.
> Cadre en bois sculpté doré. Louis XVI.

ECOLE FRANÇAISE (xviiiᵉ siècle)

**17 — *Portrait de M. Garipuy, ingénieur géné-
ral de la province du Languedoc.***

> En habit de soie grise, gilet brodé d'or et jabot
> blanc.
> Toile ovale.
> Cadre Louis XVI.

ÉCOLE FRANÇAISE (xviiiᵉ siècle)

18 — *Jeune Femme dans un paysage.*

> Grandeur nature, vue à mi-jambes, en costume
> de paysanne; elle tient un bouquet de fleurs des
> des champs.
> Toile.

ÉCOLE FRANÇAISE (xviiiᵉ siècle)

19 — *Mars et Vénus.*
> Toile. Haut., 1 m. 48 cent.; larg., 1 m. 18 cent.

ÉCOLE FRANÇAISE (xviiiᵉ siècle)

20 — *Portrait d'Homme à perruque.*

> Vêtu d'un habit rouge avec jabot.
> Pastel et gouache.

ÉCOLE FRANÇAISE (xviiie siècle)

21 — Dessus de porte : *Enfants jardiniers.*

Toile.

22 — *Petit Portrait de Marie-Antoinette à la Conciergerie.*

Toile.

23 — *Portrait de Femme, avec mantille noire et corsage bleu.*

Pastel ovale.

ÉCOLE FRANÇAISE

24 — Suite de dix portraits d'hommes d'après des tableaux du xviie siècle.

Toiles de forme octogonale dans des cadres ovales.

ÉCOLE ITALIENNE

25-26 — *La Naissance du Christ et l'Adoration des Mages.*

Deux toiles ovales faisant pendants dans des cadres Louis XIII en bois sculpté et doré.

ÉCOLE HOLLANDAISE (xviie siècle)

27 — *Le Marchand de Gibiers.*

ÉCOLE VENITIENNE (xviie siècle)

28 — *Portrait d'un Grand Seigneur*.

Représenté debout en riche costume brodé, avec collerette et parements en dentelle.
Cadre ancien en bois sculpté et doré.
Toile. Haut., 1 m. 86 cent.; larg., 1 m. **14 cent.**

LÉPICIÉ (Genre de)

29 — *Portrait d'Enfant blond*.

Vêtu de rouge, il est appuyé sur la margelle d'une fenêtre et s'amuse à faire des bulles de savon.
Peinture sur toile dans un cadre en bois sculpté et doré du temps de Louis XVI, portant l'estampille de *C. Pépin*.

MIGNARD (Genre de)

30 — *Portrait de Femme en corsage de velours vert et hermine*.

Toile ovale.

OUDRY (École de)

31 — *Chiens de chasse à la poursuite d'un cygne*.

Peinture décorative.
Toile. Haut., 1 m. 13 cent.; larg., 1 m. 98 cent.

*

SCHÉRAN

3₂ — *Nature morte : Brioche, raisins, pomme et un vase sur une table.*

Toile signée.

BOILLY

33 — *La Comparaison des petits pieds.*

34 — *L'Amant favorisé.*

Deux gravures en noir par Chaponnier, d'après Boilly.

PORCELAINES, FAIENCES

OBJETS DE VITRINE, DENTELLES

35 — Paire de vases en porcelaine allemande, décor coréen en couleur, avec socles en bronze ciselé doré. Style Louis XVI.

36 — Chien griffon en ancienne porcelaine de Saxe.

37 — Groupe en porcelaine blanche de Niederviller, jeune couple déposant une guirlande de fleurs sur l'autel de l'amour.

38 — Six assiettes en ancienne porcelaine tendre de Chantilly et une en locré, décor de fleurettes bleues.

39 — Compotier en ancienne porcelaine de Sceaux, décor de bouquets de fleurs.

40 — Six assiettes en porcelaine de Saxe décorée de bouquets de fleurs en couleur.

41 — Vase-rouleau en ancienne porcelaine de Chine, fond gros bleu, décoré de paysage en dorure.

42 — Bol en ancienne porcelaine de Chine, décorée en émaux de couleurs : sujets fami-
liers.

43 — Plat en ancienne porcelaine de Chine, famille rose, et assiette en porcelaine blanche
de Chine, gravée sous couverte.

44 — Quatre couvercles de potiches, deux en
porcelaine de Chine, décor rouge de fer et
deux en Delft bleu.

45 — Bouteille en faïence de Delft, décor bleu.

46 — Cruche en faïence italienne, décorée en
couleur.

47 — Oiseau de proie sur un tronc d'arbre en
faïence décorée.

48 — Trois tasses et deux soucoupes en porcelaine de Tournay, décor bleu et une tasse et
sa soucoupe en porcelaine de Paris décorée
en dorure.

49 — Deux encriers en ancienne faïence de
Rouen, décor de fleurettes en couleur.

5o — Pot à anse et soucoupe en ancienne faïence
de Nevers, décor bleu.

51 — Soupière avec couvercle de forme ovale en
porcelaine blanche et filets bleus.

52 — Soupière avec couvercle de forme ronde en ancienne faïence de Marseille, décor de bouquets de fleurs.

53 — Deux cache-pot et poêlon en ancienne porcelaine de Paris, décor de bouquets de fleurs et filets dorés.

54 — Soupière de forme contournée avec son couvercle en ancienne porcelaine blanche de Locré.

55 — Assiette en ancienne porcelaine blanche tendre de Sèvres, à bordure dentelée en dorure et feuilles de choux en relief.

56 — Paire de cache-pot en ancienne porcelaine de Louisbourg, avec anses rocailles, bordure simulant la vannerie et décor de bouquets de fleurs.

57 — Trois grands plats, dont deux ovales, en porcelaine Barbeau ; bordure à filet d'or, décor de fleurettes.

58 — Pot à eau, avec son présentoir et une théière, en porcelaine Barbeau, décor de fleurettes.

59 — Deux statuettes en porcelaine décorée :
Jardinier et jardinière.

60 — Trois bols avec leurs soucoupes, une assiette et une tasse, en porcelaine de Chine,
décorés de fleurs en émaux de couleur.

61 — Statuette de saint Mathieu écrivant sur un
livre que lui tient un ange, porcelaine décorée.

62 — Cinq assiettes en porcelaine de Sèvres,
décorées de sujets variés ; marli en bleu et
blanc.

63 — Deux tasses et leurs soucoupes en vieux
Saxe, décor d'oiseaux et de fleurs.

64 — Corbeille et plateau en porcelaine de Chine
à jour, décor à fleurettes en relief.

65 — Jardinière porte-bouquets en faïence de
Moustiers, décor de personnages et de gro-
tesques en vert.

66 — Corbeille à jour en porcelaine de Sèvres,
blanche et or.

67 — Paire de lampes en ancienne porcelaine
de Chine, famille verte, monture en bronze
ciselé et doré.

68 — Paire de cache-pot en ancienne porcelaine du Japon, décor en bleu, rouge et or,
monture en bronze doré.

69 — Petite coupe, faite d'une soucoupe, en
porcelaine de Sèvres; monture en bronze, et
une tasse et sa soucoupe en porcelaine blanche de Sèvres.

70 — Flacon formé d'une jambe, et deux jambes
en porcelaine de Saxe.

71 — Petite plaque ronde en porcelaine, décorée
dans le goût de Charlier, cadre Louis XVI
en bronze ciselé, doré à nœud de ruban et
feuillages.

72 — Petite plaque carrée en porcelaine, genre
Sèvres, bleu turquoise, réserve à corbeille de
fleurs et une petite corbeille en porcelaine
tendre.

73 — Petit flacon en forme de pigeonnier, le
bouchon surmonté d'un pigeon en ancienne
porcelaine.

74 — Collier formé de petites boules en porcelaine, décor de fleurettes.

75 — Béquille de canne à tête de chien en porcelaine décorée. Louis XV.

76 — Miniature ronde: Scène galante dans un
intérieur Louis XVI ; cadre bronze ciselé
doré.

77 — Boîte avec rose en relief émail. xviii^e
siècle.

78 — Miniature en émail, sujet dans le goût de
Leprince. xviiie siècle.

79 — Trois paires de boucles en argent. Epoque
Louis XVI.

80 — Très petite statuette de Vierge et Enfant en
ivoire sculpté. xviiie siècle.

81 — Deux petites boîtes, une en forme de cœur
peinte au vernis Martin, et l'autre ronde en
ivoire, avec écusson en argent sur le couvercle.

82 — Miniature ovale : Portrait d'homme en ha-
bit bleu, cravate blanche. Signée et datée :
François Dumont, 1800. Cadre médaillon
en or.

83 — Bonbonnière en cuivre doré, d'époque
Louis XV. Couvercle à figures et ornements
découpés.

84 — Petite miniature ronde : portrait présumé
de Malesherbes.

85 — Eventail d'époque Louis XV, feuille goua-
chée à figures dans un paysage. Monture en
ivoire sculpté et décoré en couleur.

86 — Vase en forme de tronc d'arbre avec pi-
voine en pierre de lare, sculptée à jour. Socle en bois de fer.

87 — Statuette de Boudha assis, en pierre de
lare sculptée.

88 — Une lorgnette ancienne en ivoire.

89 — Deux chopes et un verre gravé ancien.

90 — Beau col en ancienne guipure de Venise.

91 — Volant en ancien point plat.

Long., 4 m. 90 cent.; haut., 20 cent.

BRONZES, PENDULES

92 — Pendule en bronze et bronze doré à figure de jeune femme et d'amour ; cadran de *Lerolle frères*, indiquant les jours et les heures, frise à rinceaux, socle en marbre blanc. Style Louis XVI.

93 — Petite pendule en marbre blanc à pylones, supportant le cadran, socle en marbre, garni de petites bornes en bronze, reliées par des chaînettes. Epoque Louis XVI.

94 — Pendule en bronze, à sujet d'amours, de style Louis XVI.

95 — Pendule Louis XV, en bronze doré ; cadran porté par un éléphant et surmonté d'une figure de chinois. Cadran signé : *Cronier, à Paris.*

96 — Paire de flambeaux Louis XVI, à deux lumières, en bronze doré, formés par des statuettes d'enfants en bronze, patine brune, d'après CLODION ; bases en bronze doré.

97 — Paire de buires en marbre gris ; montures en bronze doré, anses figurant des sphinx.

98 — Suspension de salle à manger en bronze, avec lampe et douze lumières, disposé pour le gaz.

99 — Paire de flambeaux en bronze ciselé doré. Louis XVI.

100 — Deux plats creux à anses en étain ancien.

101 — Bouillotte ancienne en cuivre.

MEUBLES, SIÈGES

102 — Meuble à deux corps en noyer sculpté, décor à coquilles et ornements variés. Commencement d'époque Louis XV. Socle en velours rouge.

103 — Petit cartel rond en bois sculpté et doré, entouré de volutes et rattaché à un nœud de ruban. xviiie siècle.

104 — Armoire normande en bois sculpté Louis XV, ouvrant à deux portes, garnies de glaces biseautées.

105 — Lit en bois sculpté.

250

106 — Grande console Louis XIV en bois sculpté doré, à quatre pieds et croisillons, dessus de marbre rouge.

107 — Bureau dos d'âne en marqueterie de bois de couleur, ouvre à abattant et trois tiroirs. Epoque Lonis XV.

108 — Encoignure en marqueterie de bois de rose, ouvre à deux portes et dessus de marbre des Pyrénées. Epoque Louis XV.

275

109 — Petite commode, de forme contournée, en marqueterie de bois, ouvre à trois tiroirs, porte l'estampille, de *Dorat*. Dessus de marbre rouge. Epoque Régence.

100

110 — Armoire en noyer sculpté, ouvrant à deux portes et tiroirs intérieurs. Epoque Louis XV.

111 — Armoire en noyer sculpté. Epoque Louis XIII.

112 — Console en bois sculpté naturel, à quatre pieds. Dessus de marbre gris. Epoque Louis XVI.

155

113 — Grande bergère en bois sculpté, à enroulement de ruban, couverte de cachemire. Epoque Louis XVI.

114 — Meuble en acajou, de forme étroite, formant toilette et secrétaire, avec miroir à trois faces biseautées à la partie supérieure.

115 — Paravent à trois feuilles en soie crème brochée avec galons d'or, orné à la partie supérieure de trois peintures, vases de fleurs et au revers de trois glaces.

116 — Table de nuit en acajou, à porte à coulisse. Dessus de marbre gris. Epoque Louis XVI.

117 — Grande table en bois sculpté. Epoque Louis XVI.

118 — Petit miroir mobile ovale sur coffre à coiffer, en marqueterie de bois et filets de cuivre.

119 — Petite table en acajou Louis XVI, avec dessus mobile en tôle peinte, à galerie ajourée.

120 — Deux supports en bois sculpté doré, formés d'enfants sur socles ronds, avec branchages et escargots.

121 — Grande vitrine plate, s'adaptant sur une table en noyer de style Henri II.

122 — Fauteuil en bois sculpté et canné de l'époque Louis XIV.

123 — Deux tabourets à quatre pieds cannelés, de l'époque Louis XVI, recouverts de tapisserie au point.

124 — Glace avec cadre en bois sculpté doré, fronton à vase et rinceaux. Epoque Louis XVI.

125 — Glace avec baguette Louis XVI en bois sculpté peint gris.

126 — Paravent à trois feuilles, avec glace et peluche mauve.

127 — Bel écran en bois sculpté redoré, époque Régence, de forme rectangulaire, richement ornementé de feuillages, fleurs et rocailles.

128 — Petite chaise percée en bois sculpté, de forme ronde à cannelures ; garnie en ancienne soie fond vieux rose. Epoque Louis XVI.

129 — Petite table à deux tiroirs en marqueterie de bois. Epoque Louis XVI.

TAPISSERIES, ÉTOFFES
TAPIS

130 — Tapisserie ancienne d'Aubusson, verdure avec habitation, rivière et canard, bordure à rinceaux de feuillages, fleurs et oiseaux.

131 — Panneau en tapisserie au point et au petit point représentant : la Jeunesse de Shakespeare et de Jacques Ier, roi d'Angleterre ; scène de chasse, par *Jeanne Labric.* Cadre plat en noyer.

132 — Fragment de tapisserie, verdure ancienne des Flandres.

133 — Dessus de parasol Louis XIII en satin rouge, brodé d'or et d'argent.

134 — Bannière ancienne de procession en soie et velours rouge brodé d'or, avec peinture représentant saint Martin.

135 — Panneau en cachemire rouge richement brodé d'or et d'argent. Afghanistan.

136 — Tapis de prière de Reshh, fond rouge.

137 — Six morceaux d'étoffe brodée d'or et d'argent et peinte, représentant des personnages. Fin du XVIᵉ siècle.

138 — Six lés en laine brodée d'or et d'argent.

139 — Deux pièces en tapisserie au point et un dossier de chaise en drap blanc, brodé de soie ancienne, bouquet de fleurs.

140 — Trois pièces brodées d'or : un bonnet d'enfant, une escarcelle et une épaulette.

141 — Grand tapis d'Aubusson, fond rouge à médaillon central, à fleurs, sur fond gris, encadré de volutes et de bouquets de fleurs ; bordure fond vert.

Long., 6 m. 15; larg., 5 m. 15.

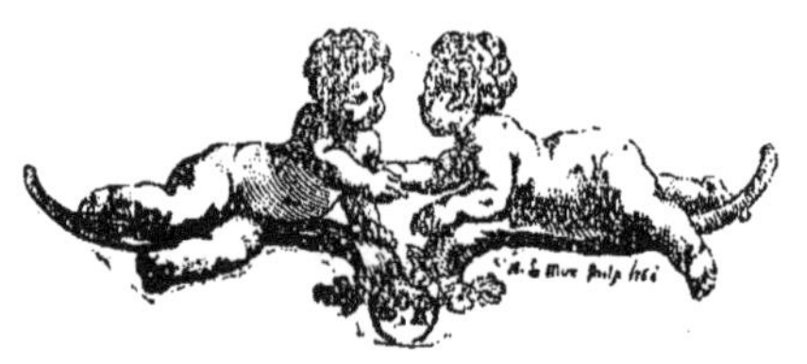